물 아저씨 과학 그림책 특별판

물 아저씨와 신나는 크리스마스

2020년 10월30일 1판1쇄 발행 | 2025년 5월1일 1판12쇄 발행

글그림 | 아고스티노 트라이니   옮김 | U&J
펴낸이 | 나성훈   펴낸곳 | (주)예림당   등록 | 제2013-000041호
주소 | 서울시 성동구 아차산로 153   홈페이지 | www.yearim.kr
책 내용 문의 전화 | 3404-9271   구매 문의 전화 | 561-9007   팩스 | 562-9007

책임개발 | 박효정 / 최방울   디자인 | 이정애
제작 | 신상덕 / 박경식   콘텐츠제휴 | 문하영
마케팅 | 임상호 전훈승

ISBN 978-89-302-6785-4 74400
ISBN 978-89-302-6857-8 74400(세트)

Text and illustrations by Agostino Traini

©2013 Edizioni Piemme S.p.A.
©2018 Mondadori Libri S.p.A. for Piemme, Italy
©2020 for this book in Korean language – YeaRimDang Publishing Co., Ltd.
International Rights   Atlantyca S.p.A. via Leopardi, 8 – 20123 Milan, Italy - foreignrights@atlantyca.it
www.atlantyca.com
Original Title : BUON NATALE, SIGNOR ACQUA!
Translation by: 물 아저씨와 신나는 크리스마스

어린이제품 안전특별법에 의한 제품 표시사항

제품명 | 도서   제조자명 | (주)예림당   제조국명 | 대한민국   전화번호 | 02)566-1004
주소 | 서울시 성동구 아차산로 153   제조년월 | 발행일 참조   사용연령 | 8세 이상

＊잘못 만들어진 책은 구입하신 곳에서 바꾸어 드립니다.

물 아저씨와 신나는 크리스마스

글·그림 아고스티노 트라이니

예림당

편지를 쓰는 아고와 피노에게 물 아저씨가 물었어요.
"누구에게 쓰는 거야?"
"산타 할아버지에게요."
"올해는 일찍 쓰고 싶어졌어요."
아고와 피노가 신나게 대답했어요.

바람이 솔솔~
상쾌해!

"편지 보내기에는 너무 이르지 않니?
잠꾸러기 산타 할아버지는 아직 여름잠을 주무시거든."
"여름잠요? 곰도 아닌데요?"
아고와 피노가 큰 소리로 외쳤어요.

물 아저씨가 빙그레 웃었어요.

물 아저씨는 산타 할아버지에 대해 잘 알고 있어요.

그래서 아고와 피노에게 산타 할아버지 이야기를 해 주기로 마음먹었어요.

아고와 피노는 이야기를 듣고 싶어서 얼른 자리에 앉았어요.

"나는 물이라서 바다, 강, 실개천을 통해 어디든 갈 수 있지."

여기에 아름다운 다리가 하나 있으면 좋을 텐데!

"나를 모르는 나라는 없어.
모든 나라가 내게 무슨 일이 일어나는지 들려준단다.
그래서 나는 산타 할아버지가 사는 북극에서
어떤 일이 벌어지는지도 알고 있어."

북극

안녕. 나는 달이야!

북극권

"가을과 겨울, 북극에 해가 뜨지 않고 추위가 찾아오면
산타 할아버지는 잠에서 깨어나셔."

"반대로 봄과 여름, 햇빛이 강해지고 따뜻해지면
산타 할아버지는 여름잠에 빠지신단다."
"동물들과 정반대네요."
"그래, 산타 할아버지는 정말 특별한 분이야! 지금은 쿨쿨 주무실 시간이지."

물 아저씨는 이야기를 계속하려다 생각을 바꿨어요.
"너희 눈으로 직접 보는 게 좋겠다. 준비해, 산타 할아버지를 뵈러 가자!"
아고와 피노는 조그만 배에 올라타 돛을 펼쳤어요.
물 아저씨가 앞에서 끌고, 두 친구는 나침반의 안내에 따라 방향을 바꾸며
며칠 동안 북쪽으로 항해했지요.

내 등대의 불빛은
배들의 길잡이야!

나침반 바늘은 항상
북쪽을 가리켜!

나는 북극성이라고 해.
나를 따라오면 북쪽으로 갈 수 있어!

빙산은 바위처럼 보이지만,
사실은 얼음덩어리야.
바다를 둥둥 떠다니지!

드디어 추위로 모든 것이 꽁꽁 얼어붙은 북극 바다에
도착했어요. 여기저기 얼음덩어리가 둥둥 떠다녔어요.
"다 왔다!"

북극권에 편히 누워 주무시는 산타 할아버지가 보였어요.
"내 말이 맞지?"
물 아저씨가 으스댔어요.
"이제 곧 산타 할아버지가 일어나실 거야."

이건 위도선이야.
지구를 측정할 수 있도록 조각조각 나눈 가상의 선 중 하나지.

북극권

북극에 첫 눈꽃이 한 송이 두 송이 떨어지자,
산타 할아버지가 기지개를 켜며 여름잠에서 깨어나셨어요.
"안녕하세요? 도와줄 두 친구를 데려왔어요."
물 아저씨가 산타 할아버지에게 인사를 건넸어요.
"정말 좋은 소식이네요! 할 일이 잔뜩 쌓여 있거든요."
요정이 어디선가 커피를 들고 뛰어오며 말했어요.

눈이 펑펑 내리기 시작했어요. 늑대가 아고와 피노에게
요정이 입는 빨간색 옷을 물어다 주었어요.
빨간색 옷을 입으니 아주 편하고 따뜻했지요.

나는 빨간색이 어울려!

아침 식사부터 해야지!

그사이, 아주 많은 요정이 빈 바구니를 어깨에 메고
하늘을 쳐다보며 무언가를 기다렸어요.
"오고 있어!"
한 요정이 외치자 궁금해진 아고가 물었어요.
"뭐가?"
"곧 보일 거야."

이건 오로라야. 오색영롱한 오로라는
북쪽 하늘에 멋진 그림을 수놓지!

화장실 다녀오마!

저는 여기에
눌게요!

"드디어, 도착했어!"
아고와 피노의 눈이 동그래졌어요.
하늘에서 편지가 내려요!
흰 눈과 함께 수많은 편지가 하늘에서 쏟아졌어요.
요정들은 편지를 부지런히 모으더니 바구니에 한가득 담고 어디론가 달려갔어요.

음,
사우나는 정말 좋아!

해가 갈수록 점점 더 게을러지셔!

산타 할아버지가 일하러 갈 준비를 하는 동안
요정들은 바닷가에 모여들었어요.
그곳에서 물 아저씨가 중요한 일을 할 예정이거든요.
물 아저씨의 몸집이 조금씩 커지더니 몸 전체가 꽁꽁 얼어붙었어요.

물 아저씨가 아주 크고 멋진 얼음 궁전으로 변했어요.
요정들은 편지를 읽으러 얼음 궁전 안으로 들어갔어요.

편지를 다 읽은 요정은 전 세계 어린이를 위한 선물을 만들고,
하나씩 포장하기 시작했어요.
산타 할아버지는 계속 몸단장을 하고 있고요.

선물이 모두 준비됐어요.
요정들은 자루에 선물을 차곡차곡 담았어요.

선물이 엄청 많아!

이것도 부탁해!

요정이 순록에 썰매를 연결하는 동안
산타 할아버지는 느긋하게 옷을 입기 시작했어요.
이제, 시간이 별로 없어요. 크리스마스가 얼마 안 남았거든요!

준비 완료!
산타 할아버지는 썰매에 타더니 아고와 피노에게 말했어요.
"썰매에 오르렴. 집에 데려다줄 테니."

즐거운 여행 되세요!

썰매는 단숨에 하늘로 날아올라, 크리스마스의 차가운 밤공기 속으로
조용히 미끄러져 갔어요.

겨울잠 때문에
한발 늦었네!

어둠 속에 잠든 도시 위를 썰매가 빠르게 달려요.
아고와 피노는 자루에서 선물을 꺼내 잔뜩 뿌렸어요.
그랬더니 마법처럼 선물이 굴뚝 속으로 하나씩 정확하게 날아 들어갔지요.

"얘들아, 집에 다 왔구나!"
산타 할아버지가 외쳤어요.
아고와 피노는 자기 집 굴뚝을 향해 눈송이처럼 살포시 내려갔어요.

아고와 피노는 다시 집으로 돌아왔어요. 정말 멋진 모험이었어요!

놀라운 일은, 물 아저씨가 아고와 피노를 기다리고 있는 것이었어요!

"물 아저씨, 냄비 안에서 뭐 하세요?"

"몸을 녹이는 중이야. 몸 전체가 꽁꽁 얼어붙었잖니!"

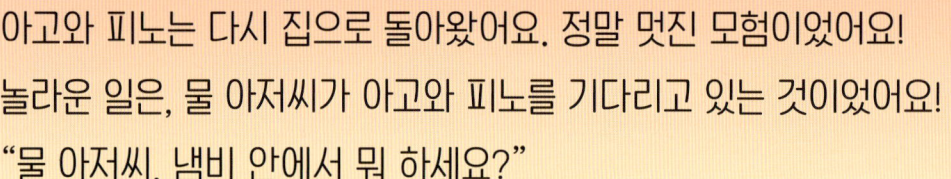

메리 크리스마스!

물 아저씨와
함께하는 신나는
과학 실험

집을 장식하고,
산타 할아버지를 맞이할
준비를 해요.

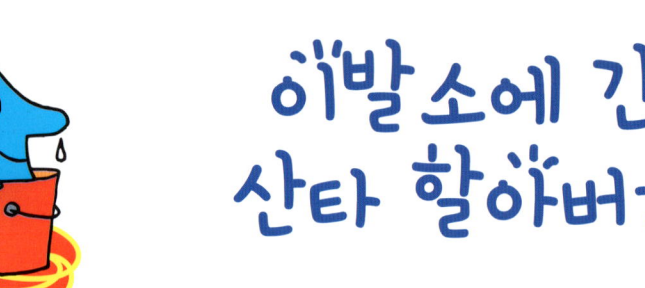

이발소에 간
산타 할아버지

준비물

종이 한 장

색연필

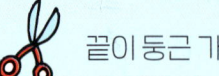
끝이 둥근 가위

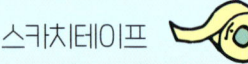
스카치테이프

난이도

① 수염이 긴 산타 할아버지를 그리고 색칠해요.(위에 있는 그림을 복사해도 좋아요.) 어른의 도움을 받아 똑같은 크기로 산타 할아버지의 수염을 24개로 나누어 선을 그려요. 가장 아래 칸부터 하나씩 1부터 24까지 숫자를 써요.

2 산타 할아버지 그림을 선을 따라 가위로 오려요.

3 스카치테이프로 산타 할아버지를 벽이나 문에 붙여요. (수염 부분은 붙이면 안 돼요.)

4 12월 1일부터 산타 할아버지 수염을 한 칸씩 자르기 시작해요. 24번까지 날마다 한 칸씩 잘라요.

메리 크리스마스!

5 산타 할아버지의 긴 수염이 없어지면, 크리스마스이브가 올 거예요!

눈 내리는 유리병

준비물

 밀봉이 잘되는
뚜껑 있는 유리병

 작은 플라스틱 인형

 증류수

 좋아하는 색깔의
반짝이

 방수 접착제,
또는 실리콘 접착제

 글리세린 몇 방울
(눈이 더 천천히 내리게 하는
역할을 해요.)

난이도

1

병뚜껑 안에 인형을 붙여요.

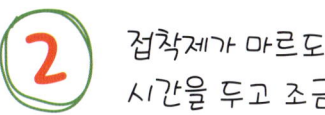

2

접착제가 마르도록
시간을 두고 조금 기다려요.

3

유리병을 증류수로 가득 채우고,
반짝이를 부어요.
(글리세린이 있다면, 몇 방울 떨어뜨려요.)

4

이제 뚜껑을 덮고 꽉 닫아요.
방수 접착제나 실리콘 접착제로
뚜껑을 밀봉하면 좀 더 안전해요.
(어른의 도움을 받아요.)

5

유리병을 위아래로 뒤집으며,
눈 내리는 모습을 감상해요.

유리병이 마음에 들지 않으면
다른 모양의 병으로 바꿔 봐요.
유리병에 이것저것 예쁜 장식을 더해도 좋아요.

아고스티노 트라이니는 누구일까요?

저는 1961년에 태어났어요.
어렸을 때는 몰랐어요.

커서 그림책을 만드는 사람이
될 줄 말이에요.

한 권의 책을 만들려면 먼저
좋은 생각이 떠올라야 해요.

보통은 재미있는 등장인물들이
머릿속에 떠올라요.

엉뚱한 상황들도요.

하지만 가끔은 아무 생각도
나지 않을 때가 있어요!

생각이 떠오르면 그림을 그리기
시작해요. 먼저 연필로 그린 다음,
검은색 잉크로 다시 그려요.

그런 다음, 모든 장면을 색칠해요.
붓과 물감을 쓰기도 하고

컴퓨터로 작업할 때도 있어요.
이 책은 컴퓨터로 만들었어요.

이 모든 작업이 끝나면
인쇄해서 책이 완성됩니다.
정말 행복한 순간이지요!

Agostino Traini

아래의 주소로 저에게 이메일을 보낼 수 있어요.
agostinotraini@gmail.com

물아저씨
과학
그림책

과학 공부의 시작은 물 아저씨와 함께!
세상 곳곳의 신기한 과학 현상을 배우며
지적 호기심을 가득 채워 보세요!

1 물 아저씨는 변신쟁이

2 공기 아줌마는 바빠

3 해 아저씨는 밤이 궁금해

4 키다리 나무 아저씨의 비밀

5 계절은 돌고 돌아

6 물 아저씨와 감각 놀이

7 알록달록 색깔이 좋아

8 화산은 너무 급해

9 물 아저씨는 힘이 세

10 농장은 시끌벅적해

11 바람 타고 세계 여행

12 불 아저씨는 늘 배고파

13 폭풍은 이제 그만

14 물 아저씨와 몸속 탐험

15 옛날에 공룡이 살았어

16 파도가 철썩 지구가 들썩

17 바다 괴물의 비밀

  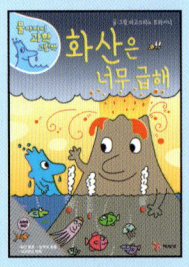 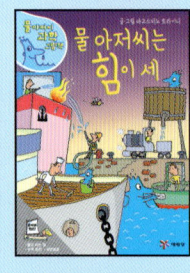  

 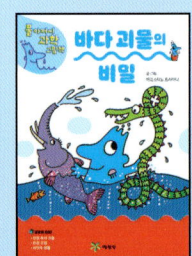

특별판

 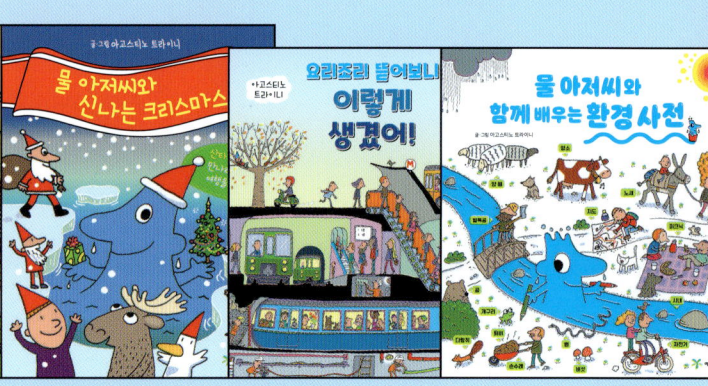

특별판

- 물 아저씨와 건강한 먹거리
- 물 아저씨와 신나는 크리스마스
- 요리조리 뜯어보니 이렇게 생겼어
- 물 아저씨와 함께 배우는 환경 사전